FABIANE ARIELLO

Obrigado, paizão

Editora FUNDAMENTO

2010, Editora Fundamento Educacional Ltda.

Editor e edição de texto: Editora Fundamento
Capa e editoração eletrônica: Commcepta Design
CTP e impressão: Avenida Gráfica e Editora Ltda.

Dados Internacionais de Catalogação na Publicação (CIP)
(Câmara Brasileira do Livro, SP, Brasil)

Ariello, Fabiane
  Obrigado, paizão / Fabiane Ariello – 1. ed. – São Paulo, SP: Editora Fundamento Educacional, 2010.

  1. Homens – Psicologia 2. Pais e filhos 3. Paternidade I. Título.

07-1744   CDD-158.24

Índices para catálogo sistemático:
  1. Filhos e pais : Relações familiares : Psicologia aplicada 158.24
  2. Pais e filhos : Relações familiares : Psicologia aplicada 158.24

Fundação Biblioteca Nacional

Depósito legal na Biblioteca Nacional, conforme Decreto n.º 1.825, de dezembro de 1907.
Todos os direitos reservados no Brasil por Editora Fundamento Educacional Ltda.

Impresso no Brasil

Telefone: (41) 3015 9700
E-mail: info@editorafundamento.com.br
Site: www.editorafundamento.com.br

De: ....

Para: ....

Obrigado, paizão

Dizem que, por mais machão que seja, todo pai se apaixona quando segura um filho pela primeira vez.

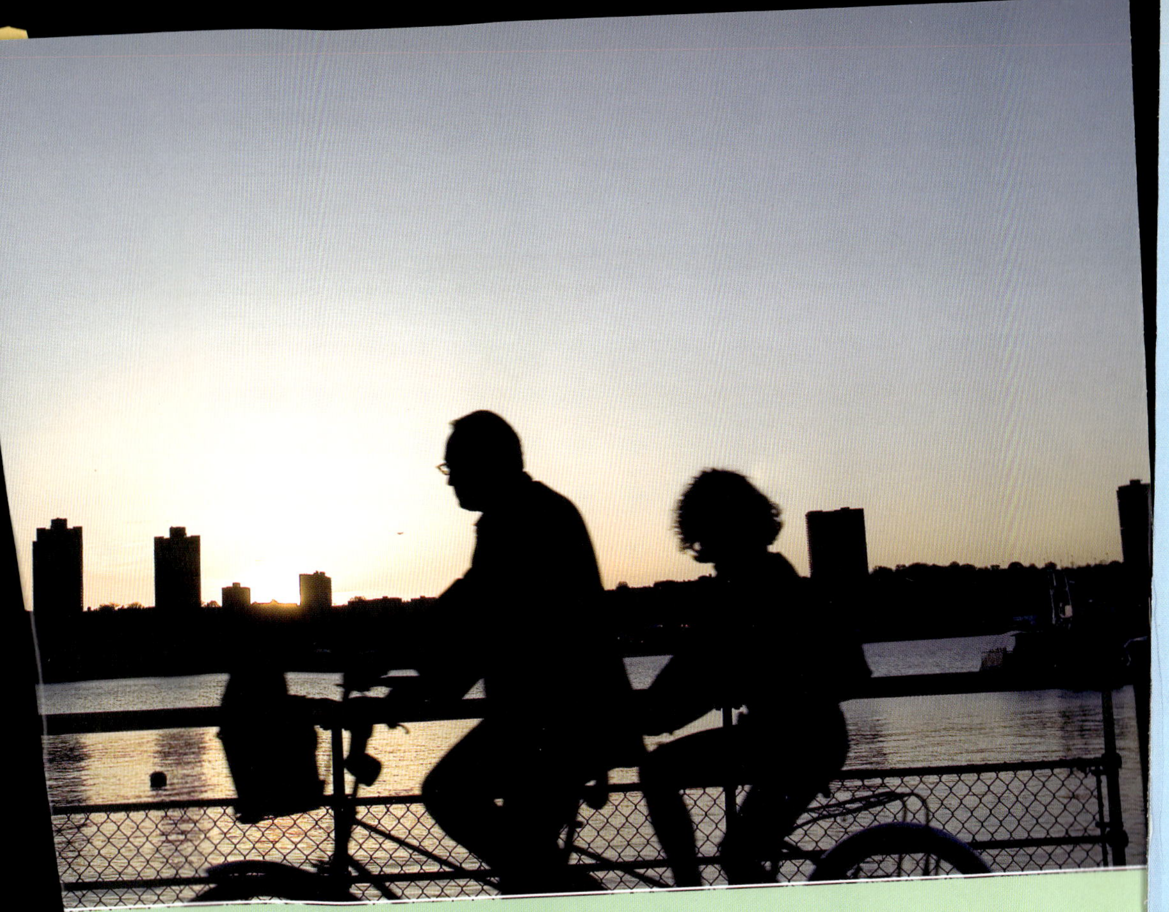

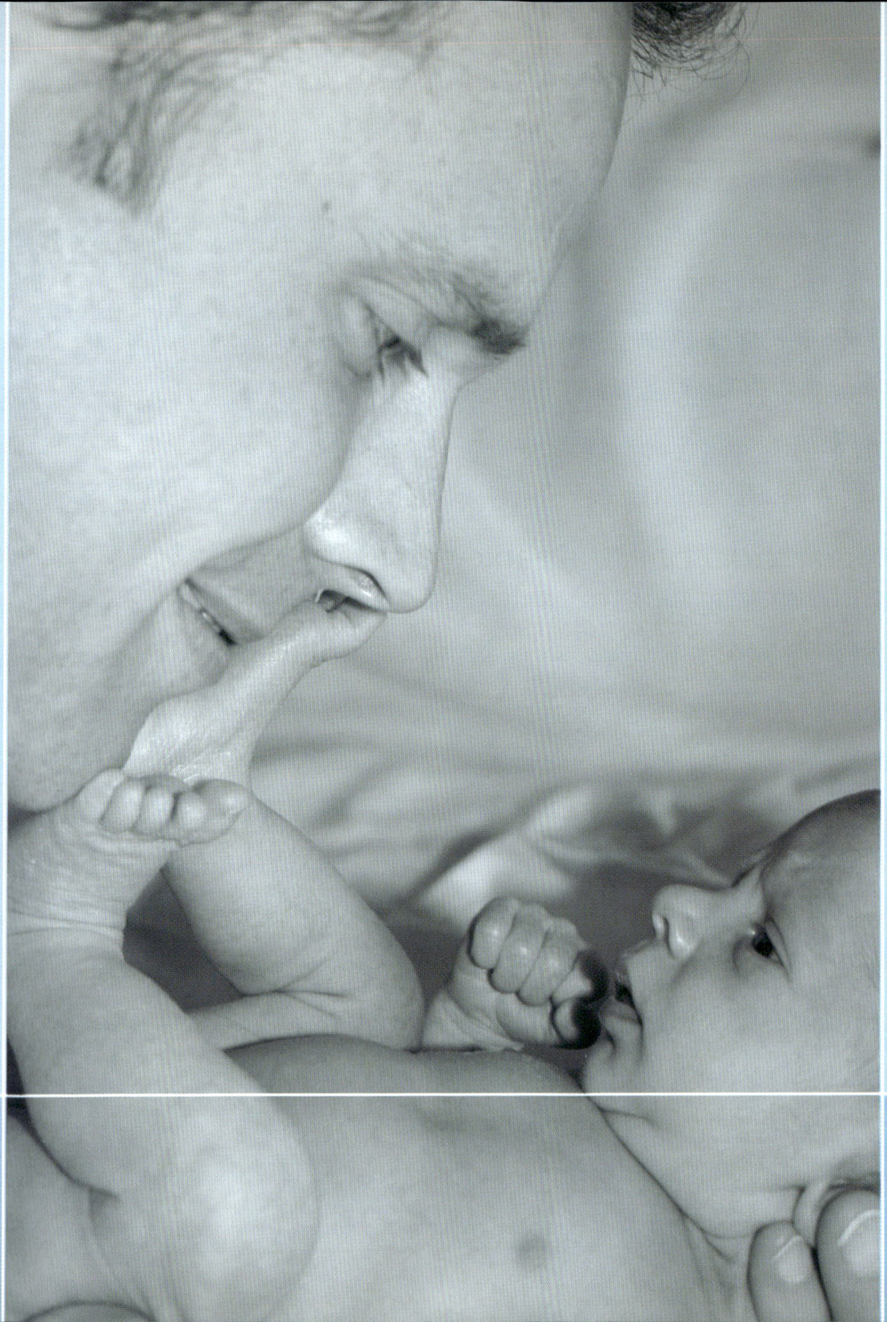

Aposto que foi assim
com você, pai.

Não consigo me lembrar do
seu olhar quando dei meus
primeiros passos...

Mas os primeiros passeios de bicicleta ainda estão vivos na minha mente e no meu coração.

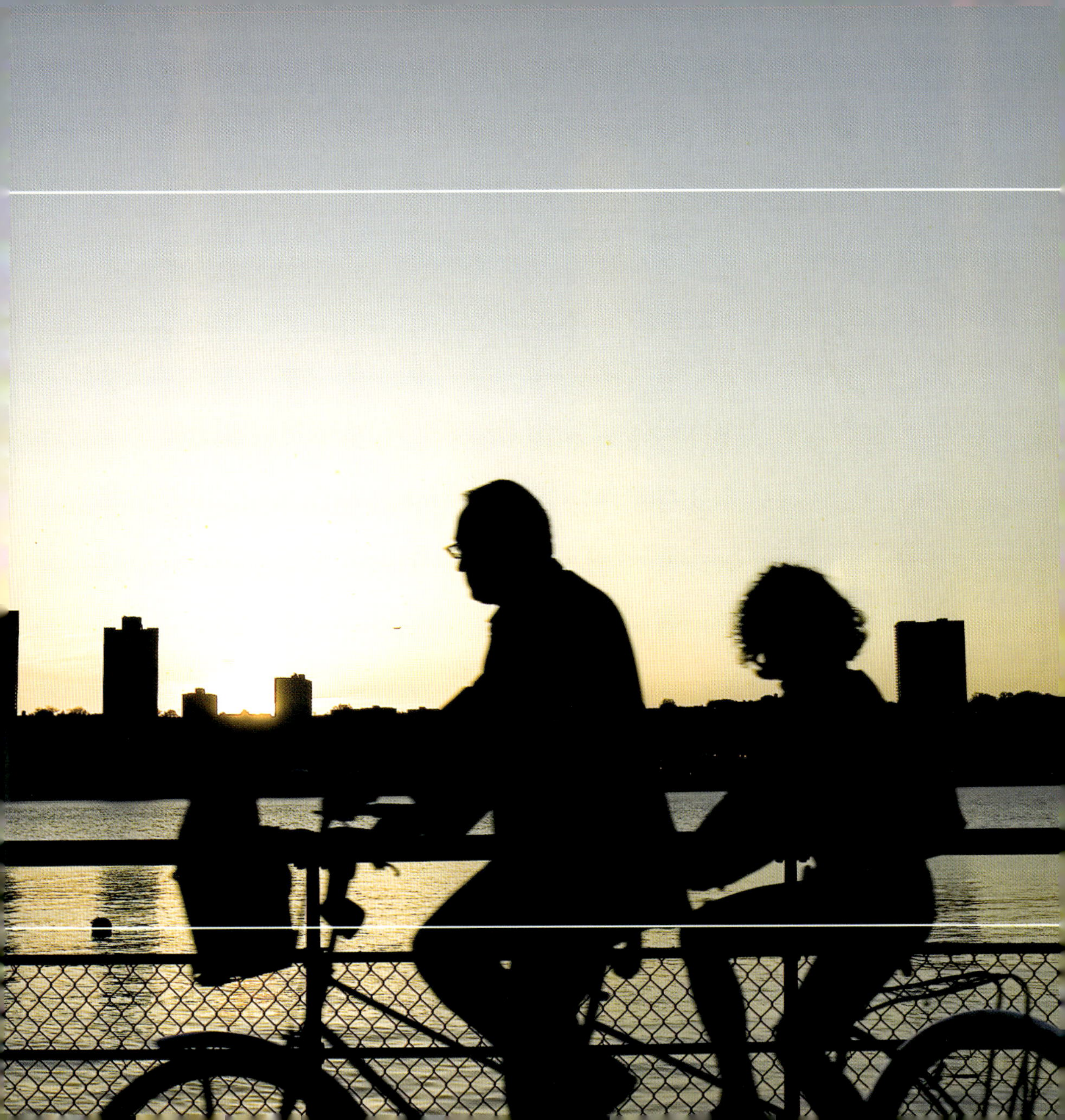

Ainda bem que você estava comigo em meus primeiros tombos – ou para evitar que eu caísse!

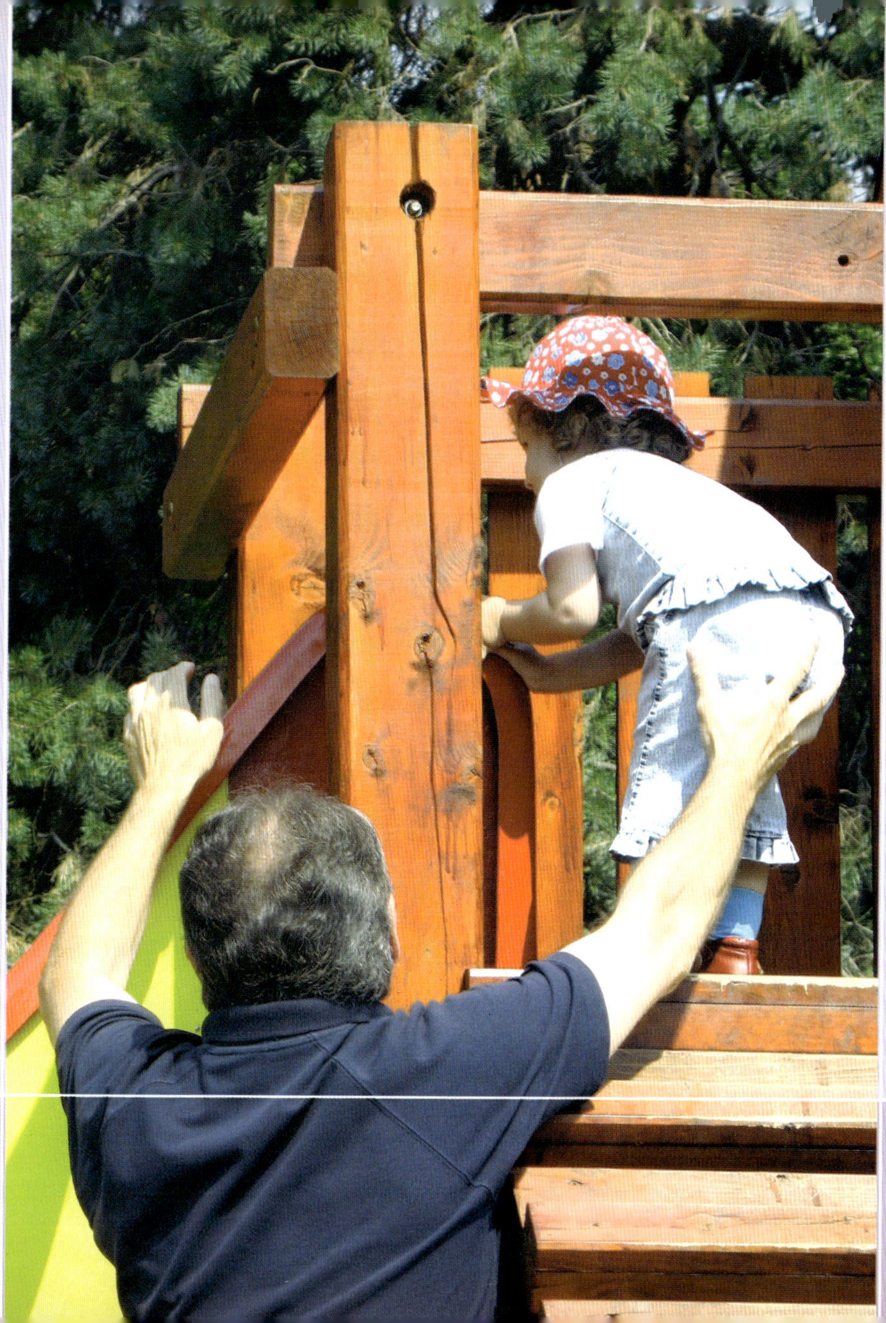

E estava sempre por
perto, apoiando todas
as minhas iniciativas...

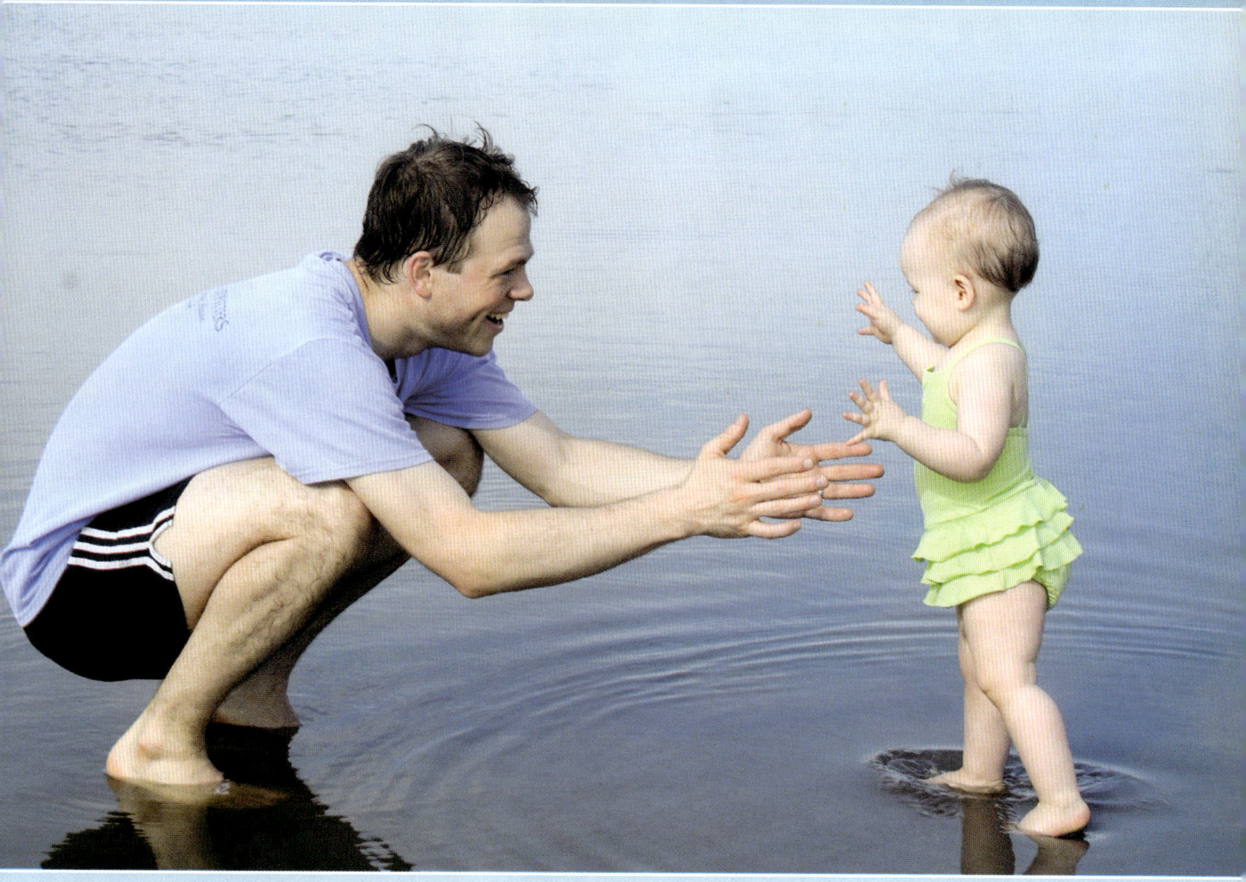

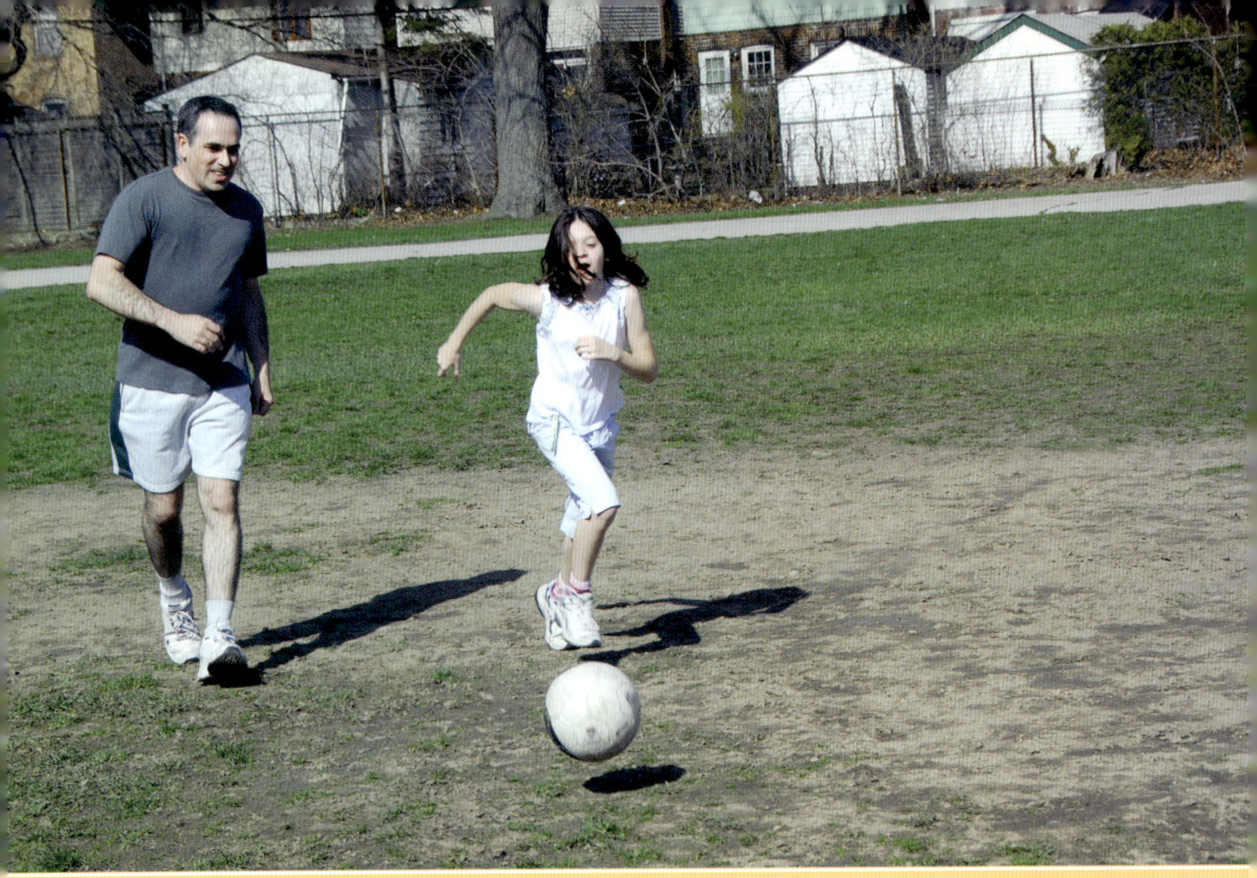

... mesmo que não fossem exatamente aquilo que você sonhava pra mim.

Obrigado pelo seu orgulho. Mesmo sem palavras, eu pude ver.

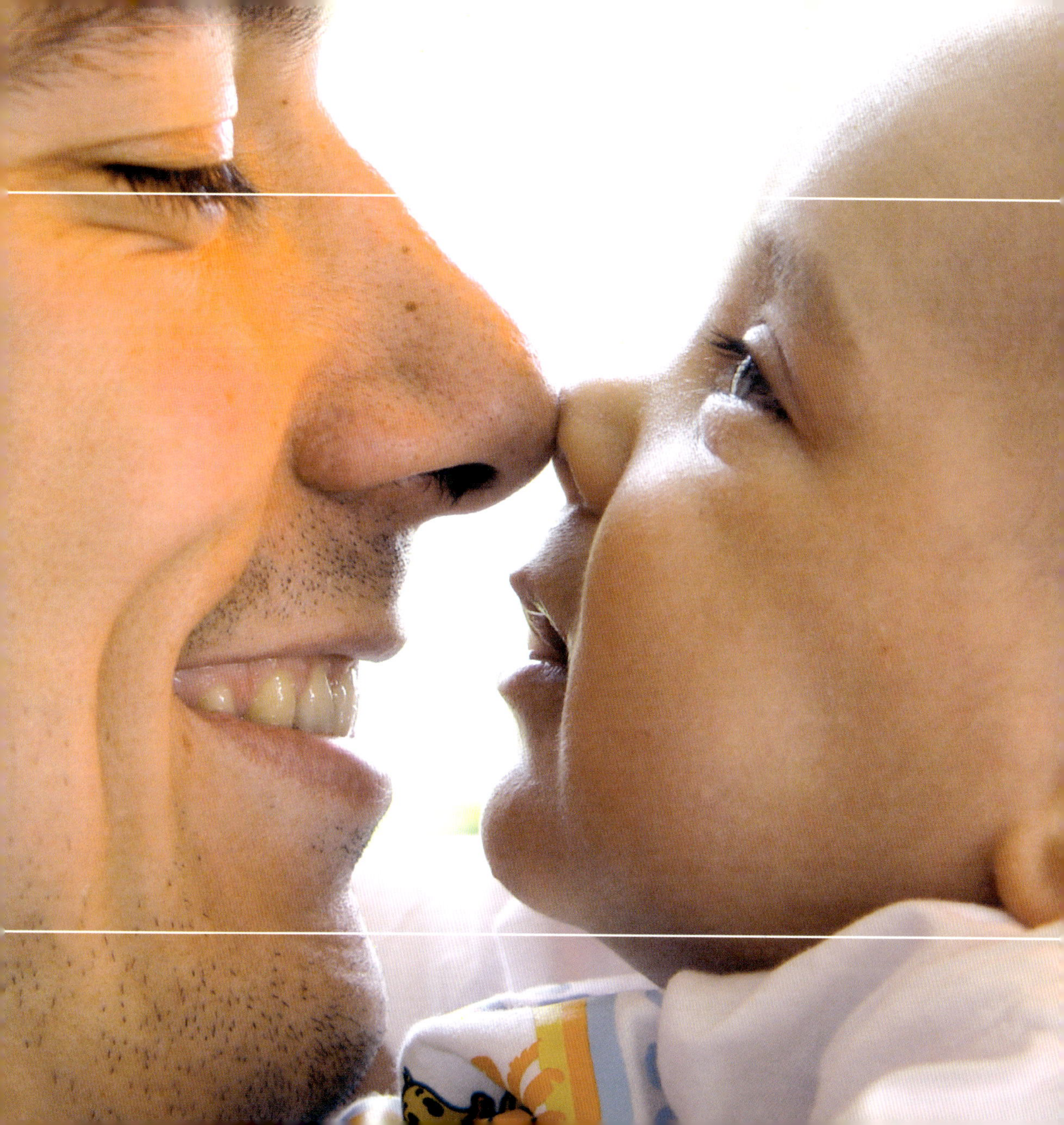

E o olhar orgulhoso de
um pai vale mais que
todos os elogios!

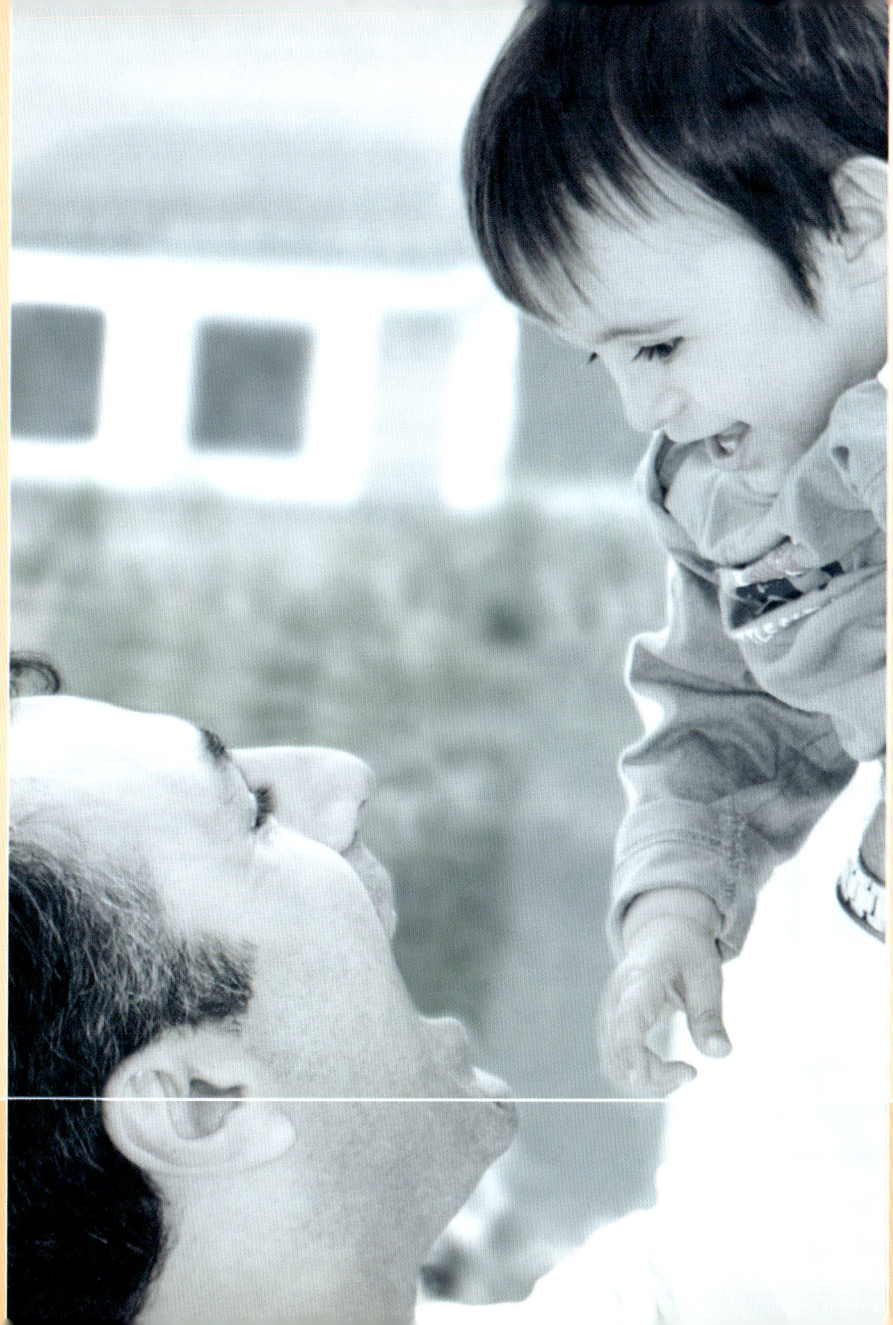

Não importa que sejam
sérios ou brincalhões,
jovens ou velhos...

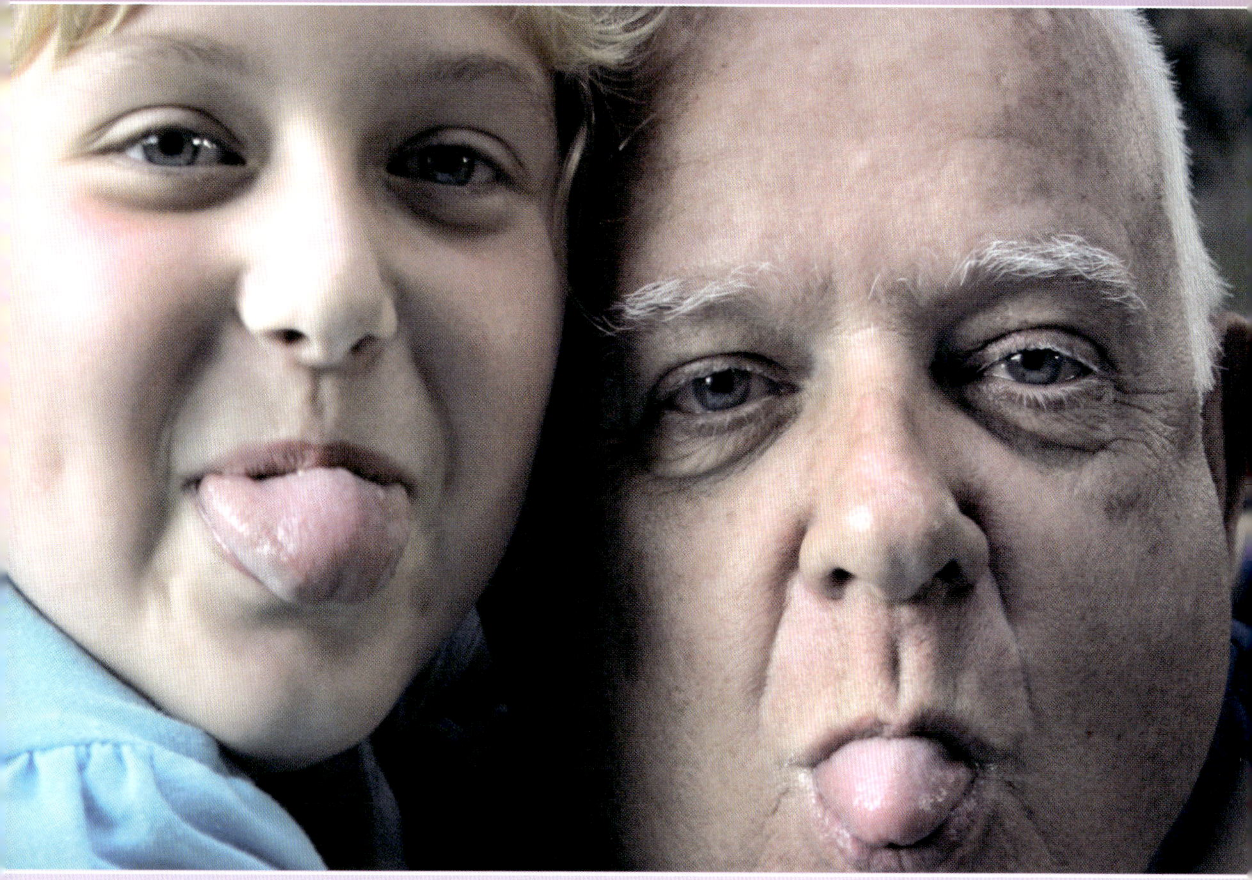

... quando somos crianças, nossos pais são super-heróis que nos protegem e que sabem de tudo.

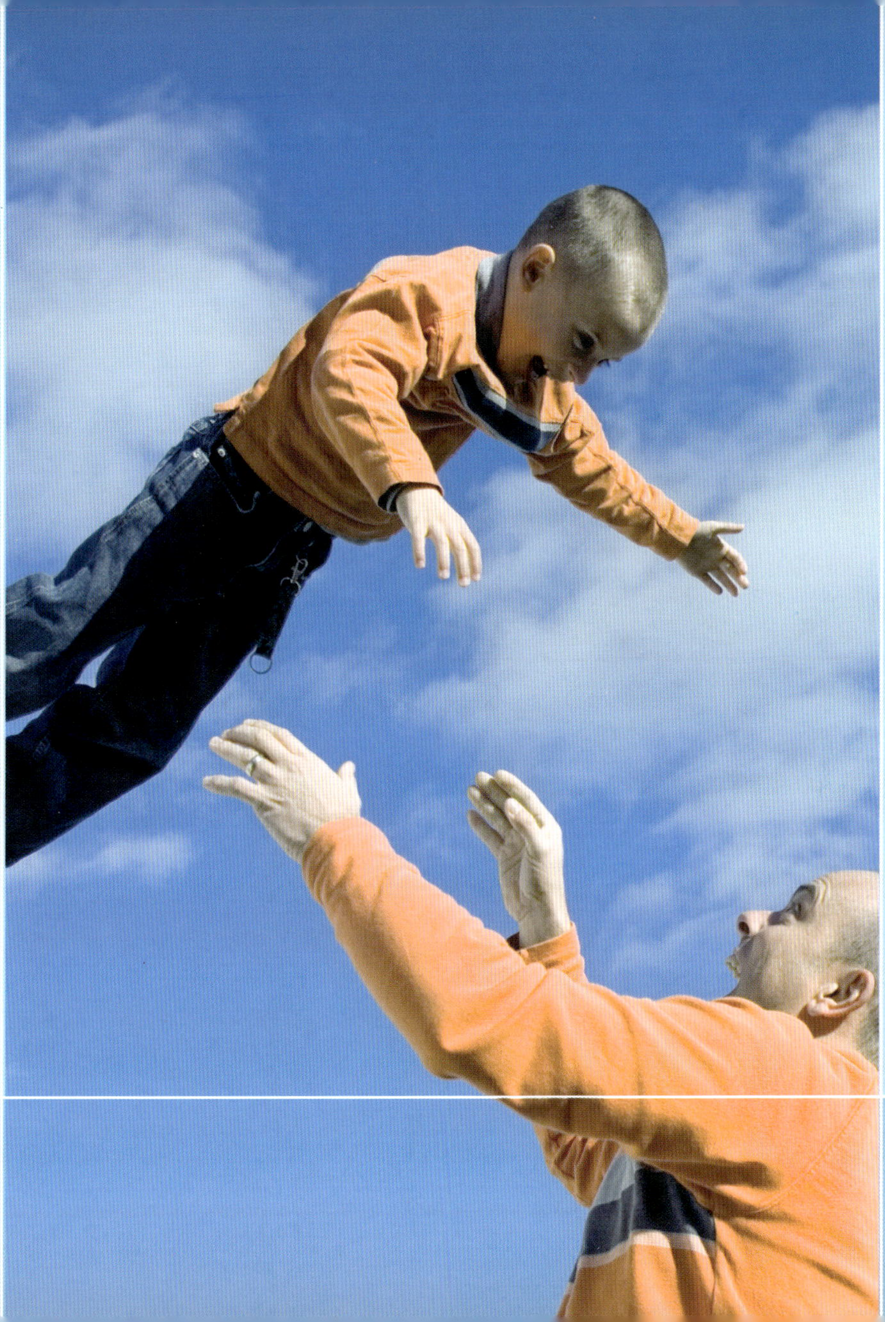

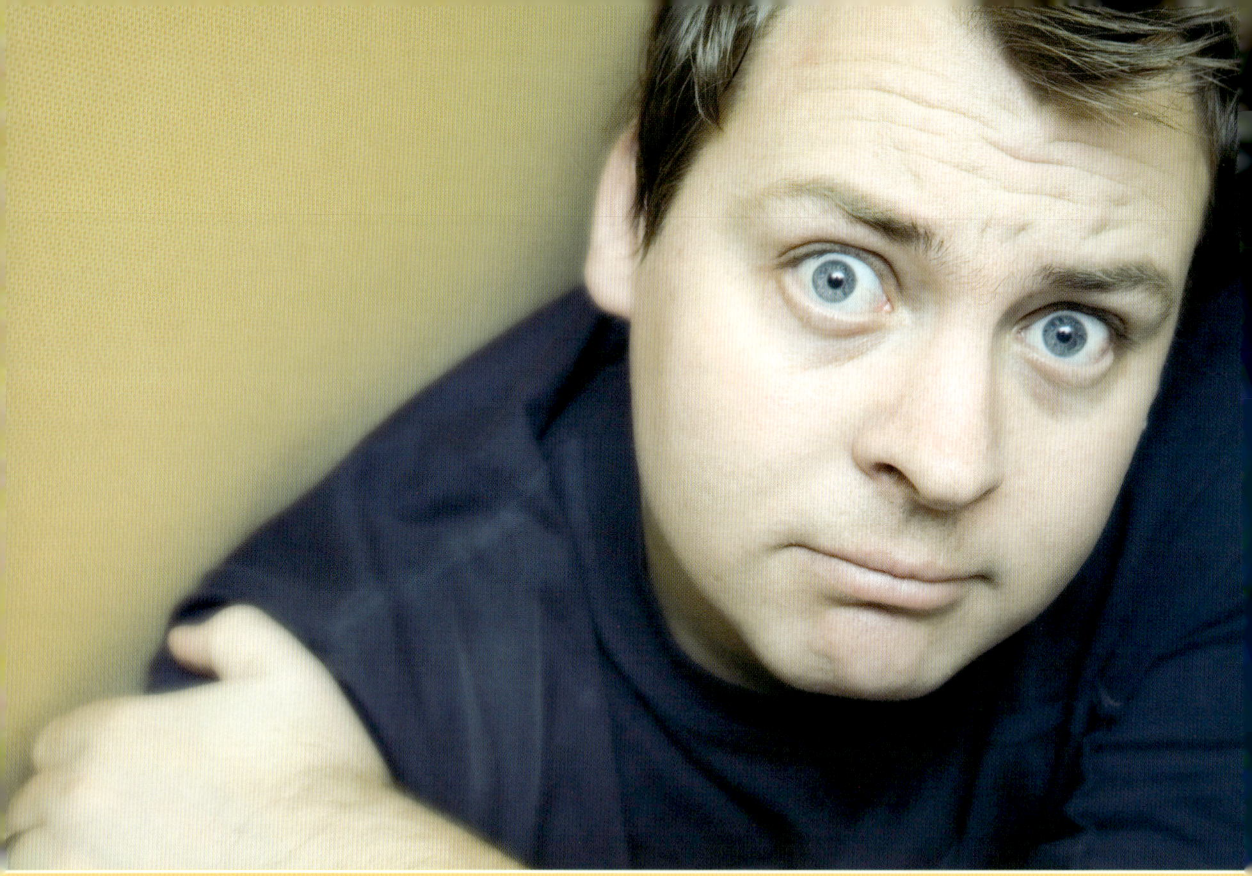

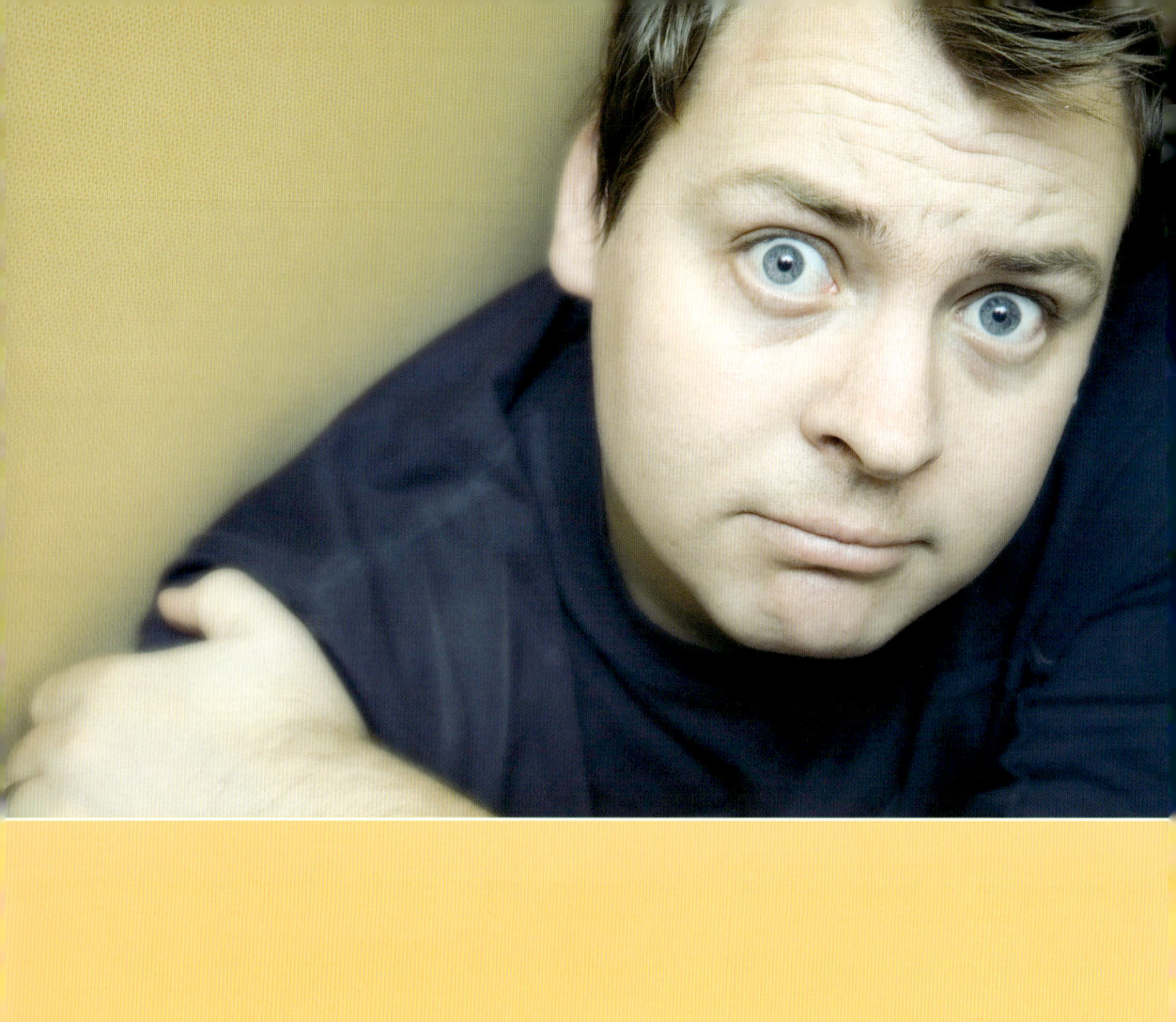

Depois, admito, você começou a parecer meio... exagerado!

Mas, lá no fundo, eu
sempre soube que você
era um verdadeiro herói.

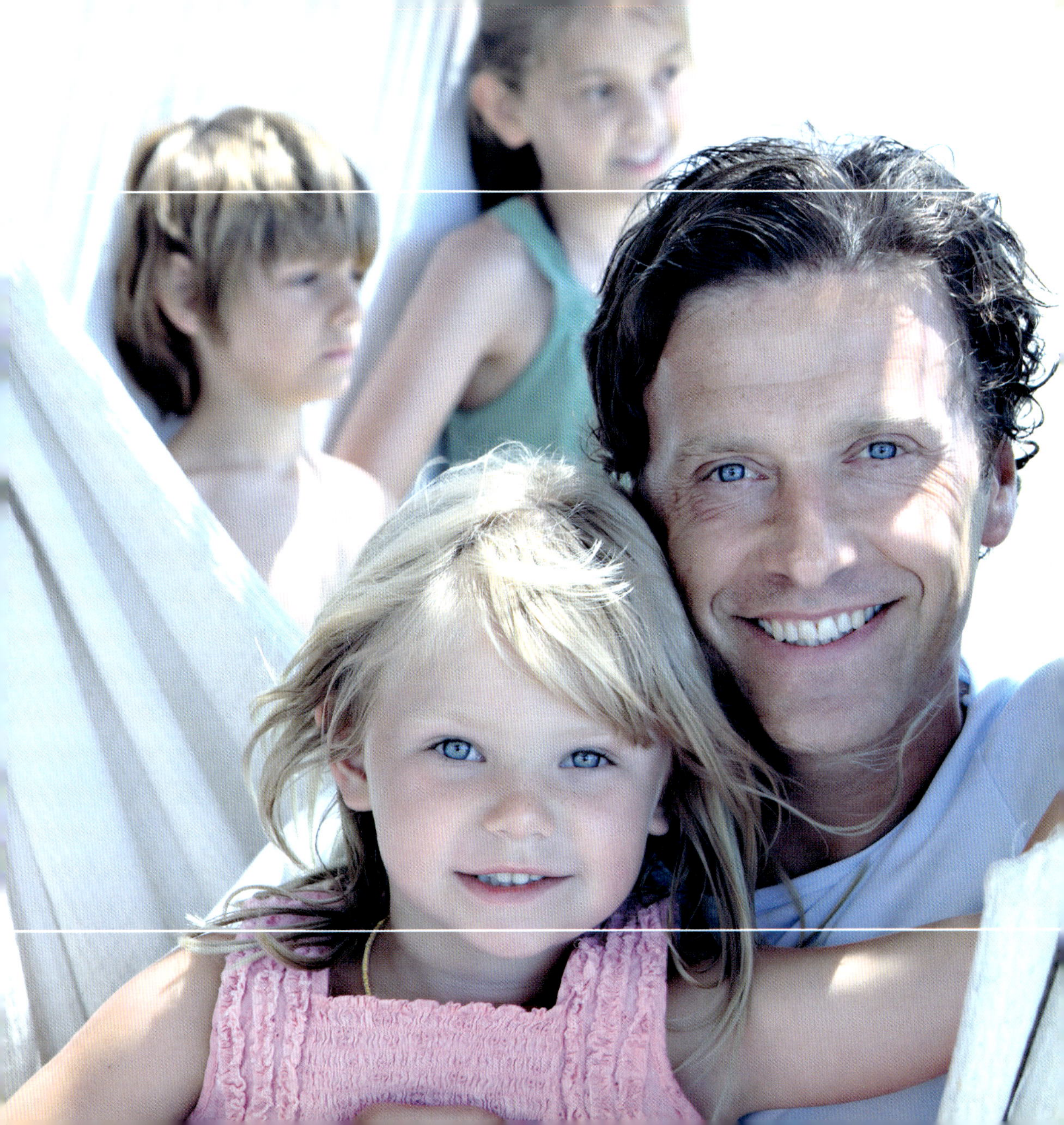

Nossas conversas e nossas
vidas se construíram com
gritos de alegria.

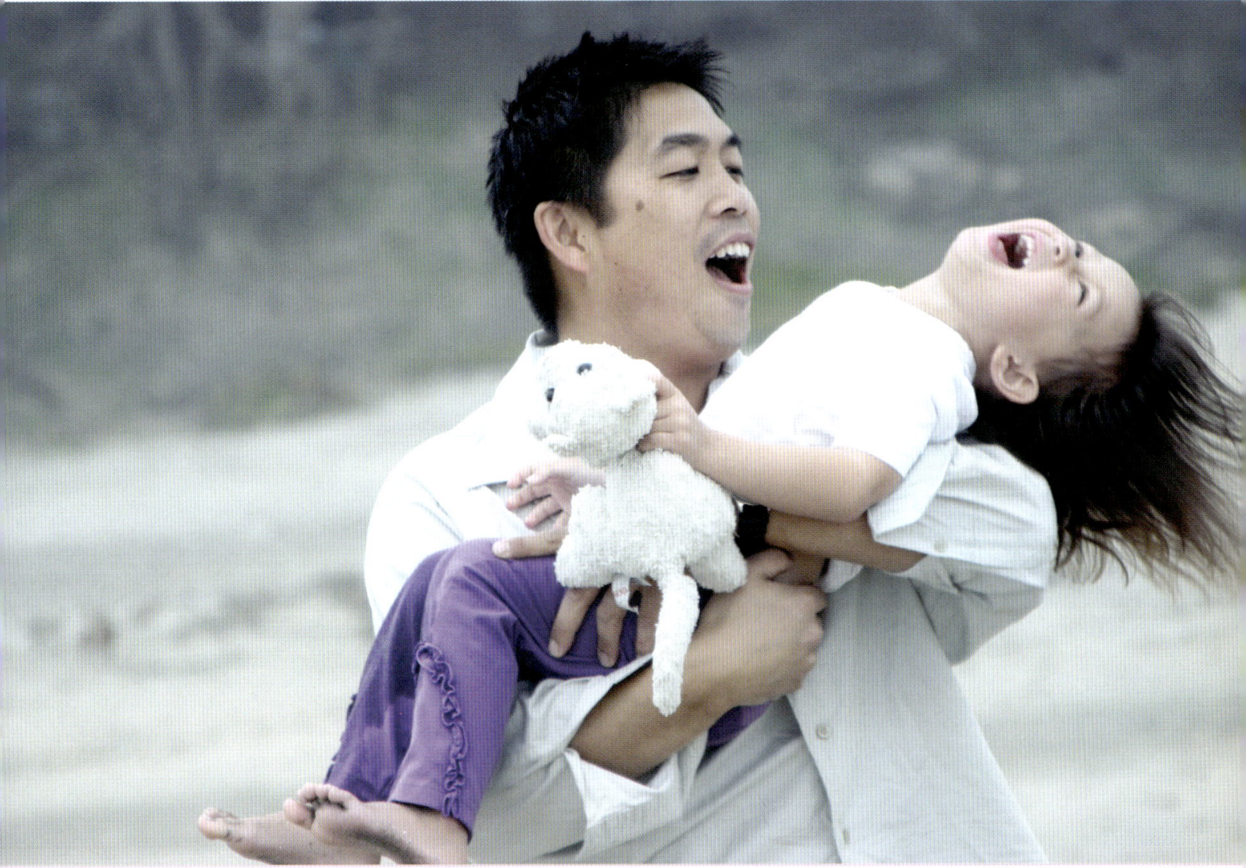

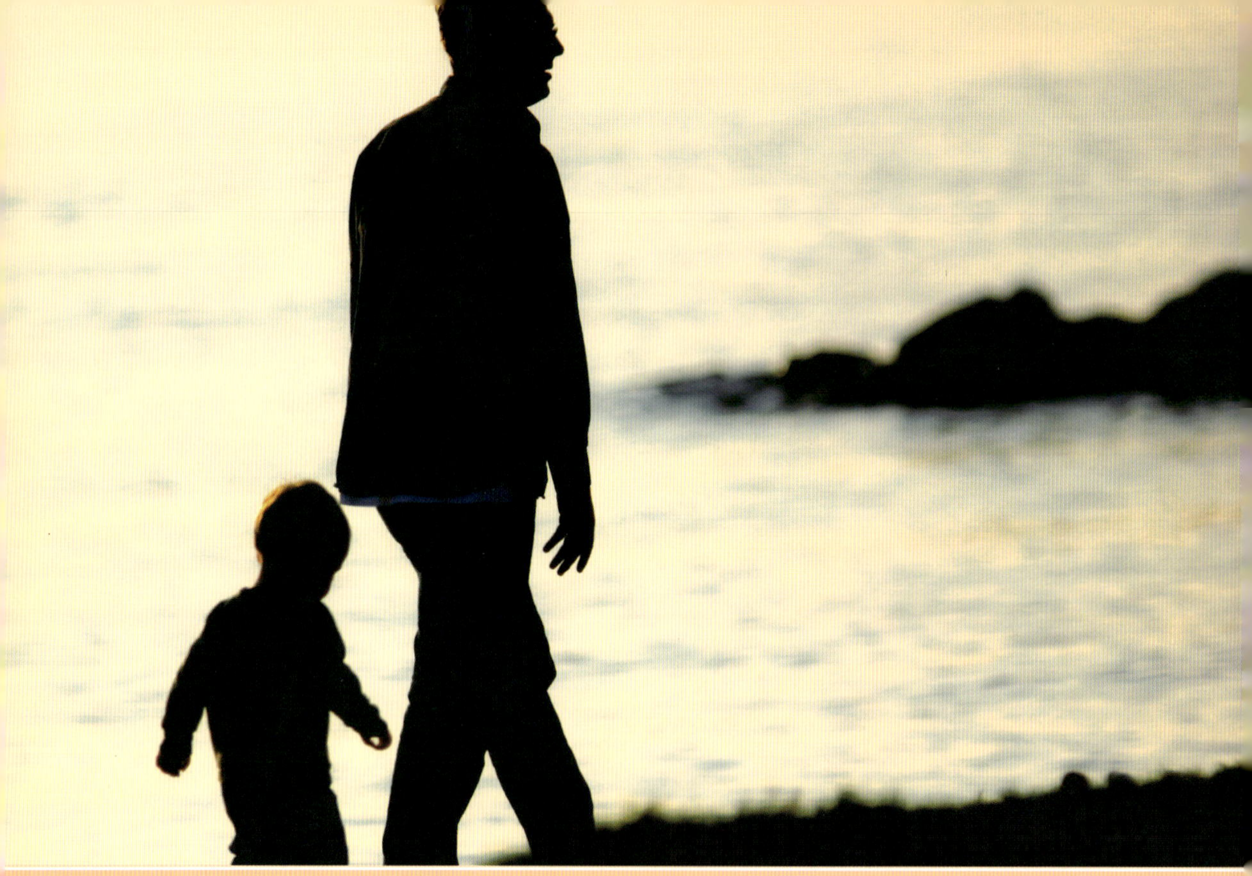

E também com silêncios
de sabedoria.

Mas foram os seus exemplos
que me ensinaram, muito
mais que as palavras.

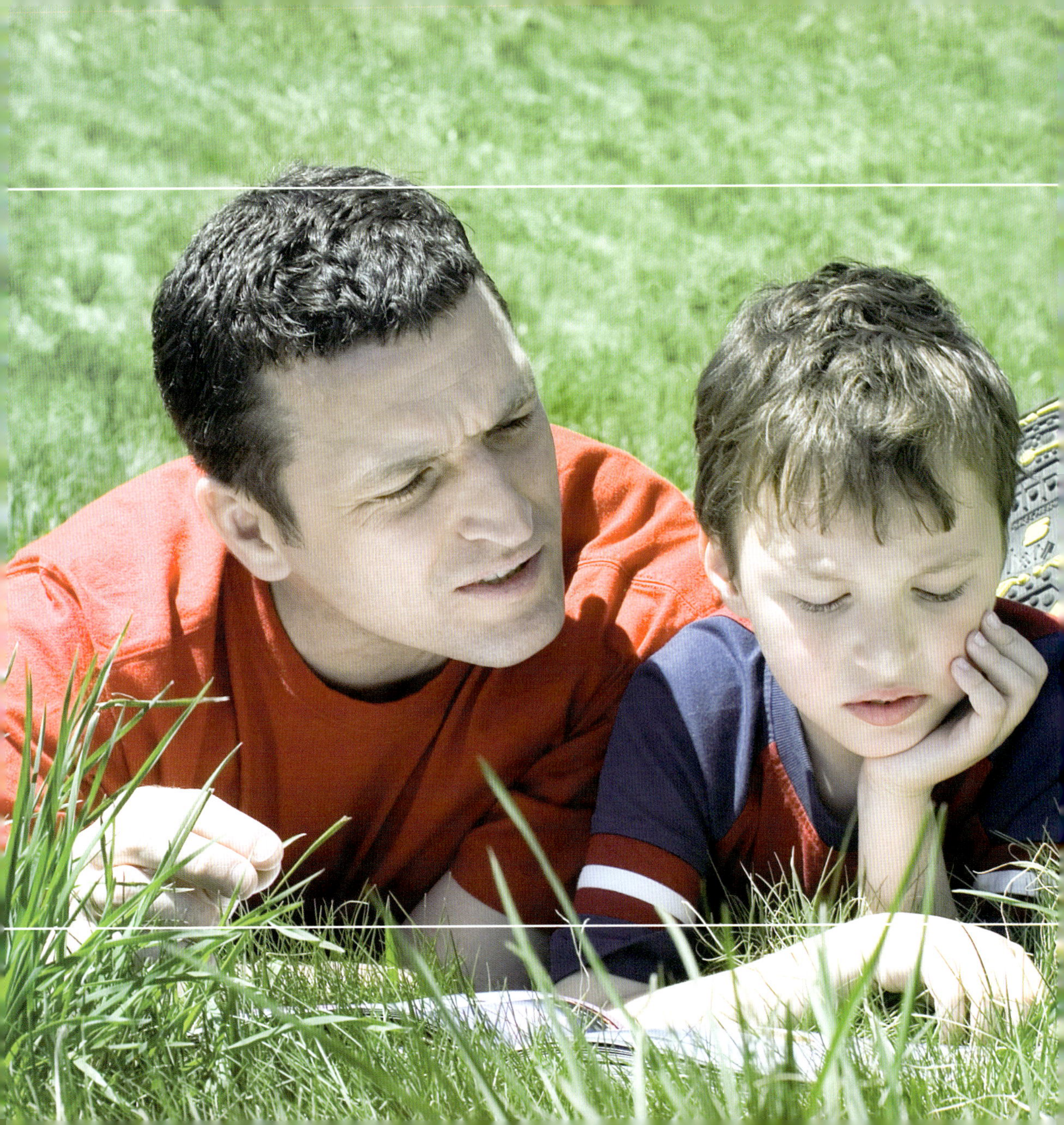

Afinal, qualquer homem
pode fazer crianças...

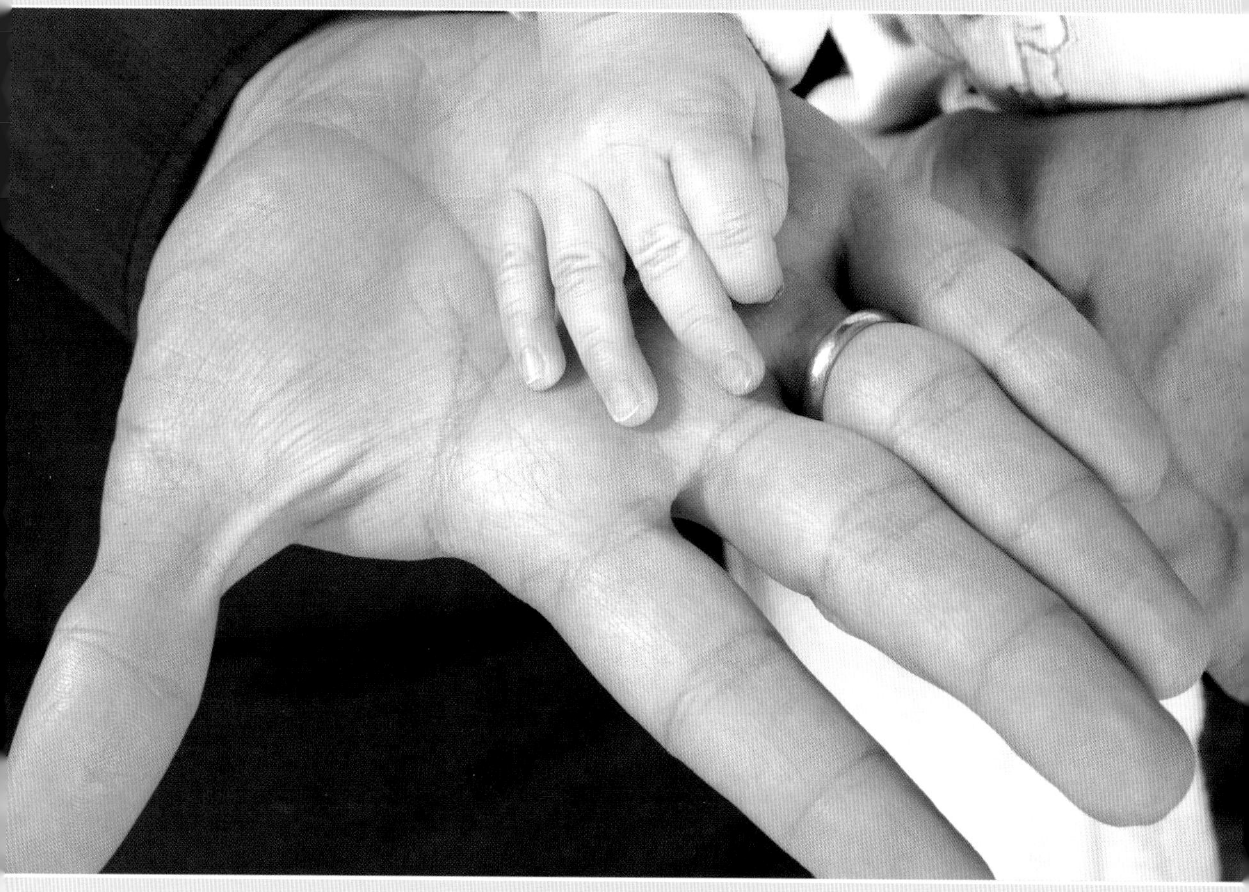

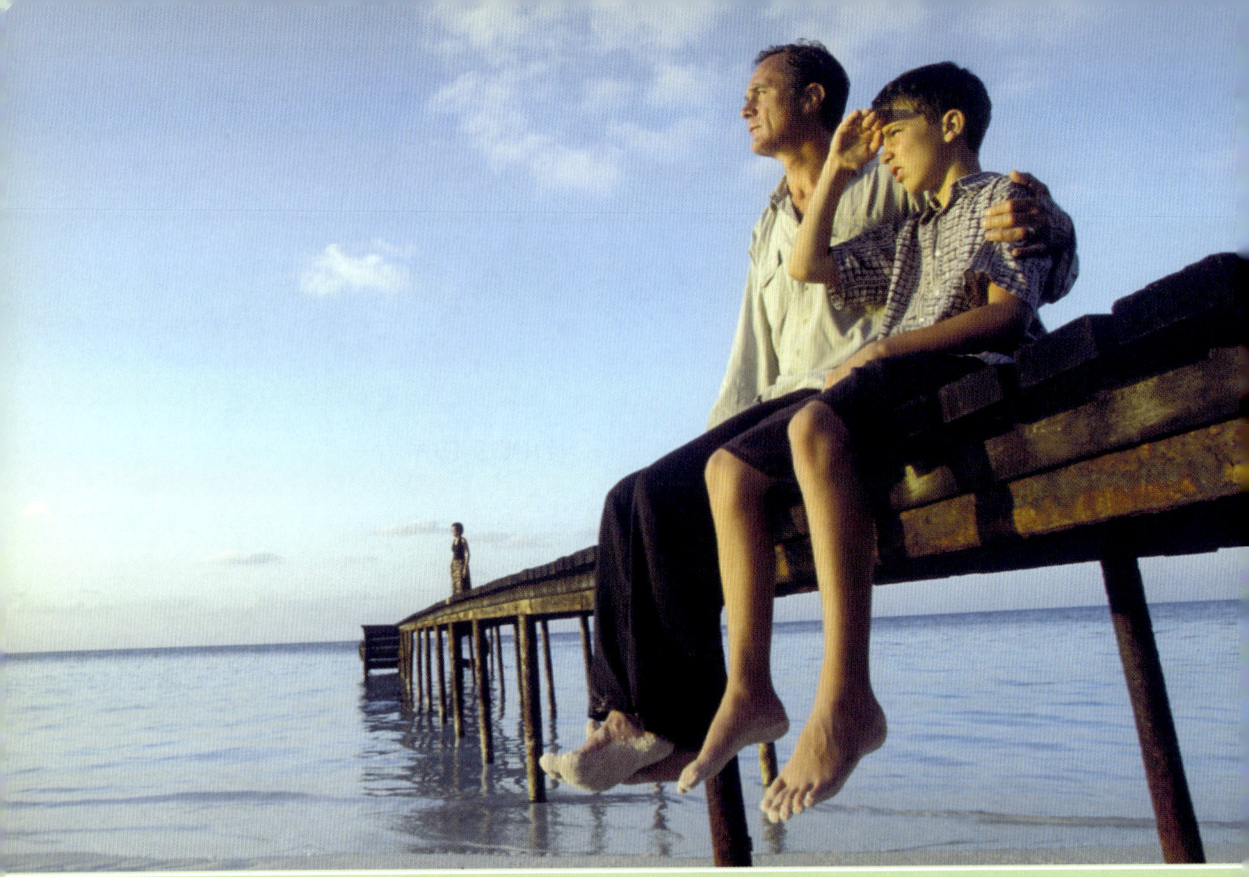

Mas somente homens de verdade criam filhos.

E muitos homens
podem ser pais...

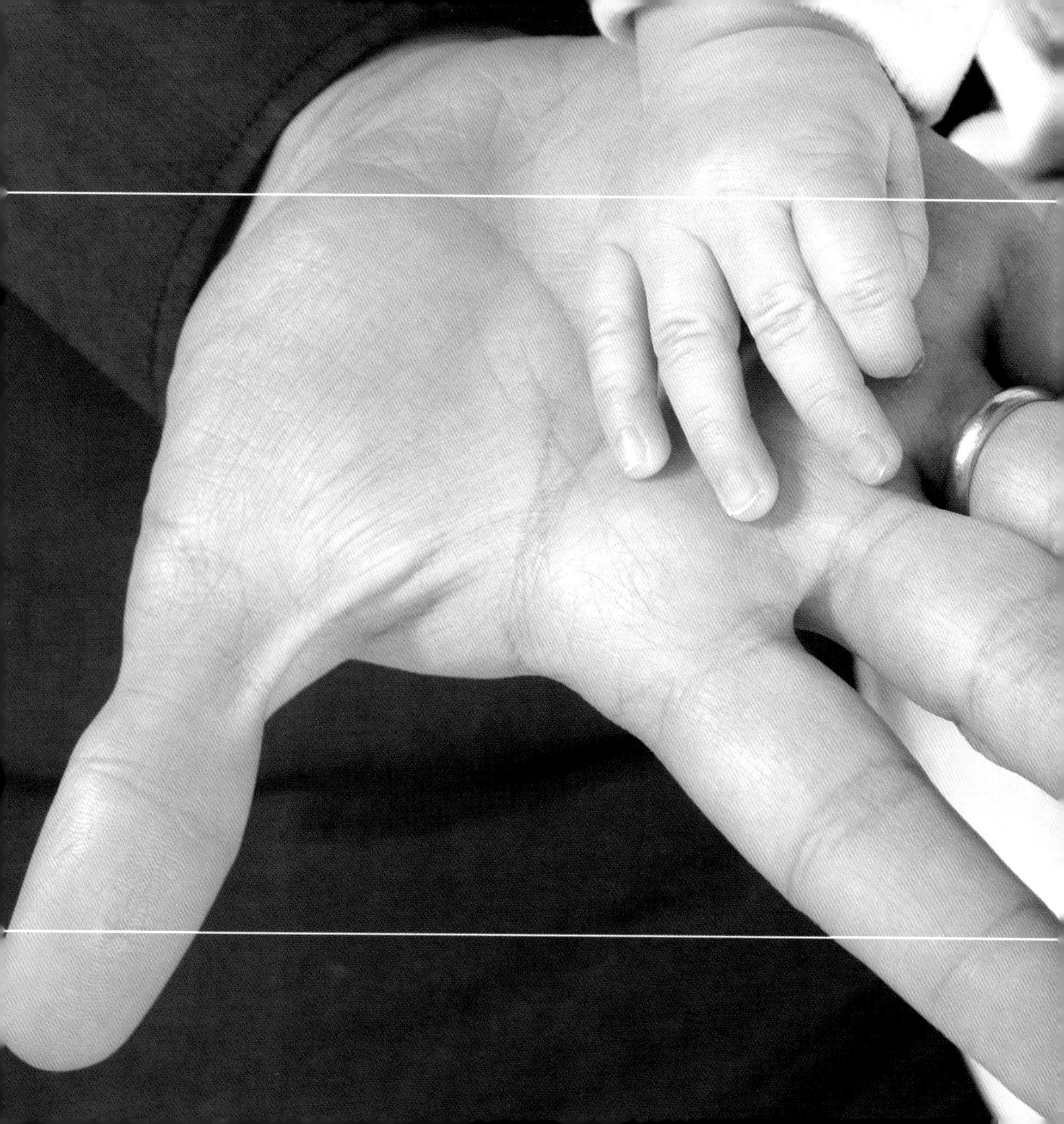

Mas somente os melhores
conseguem ser um PAIZÃO!

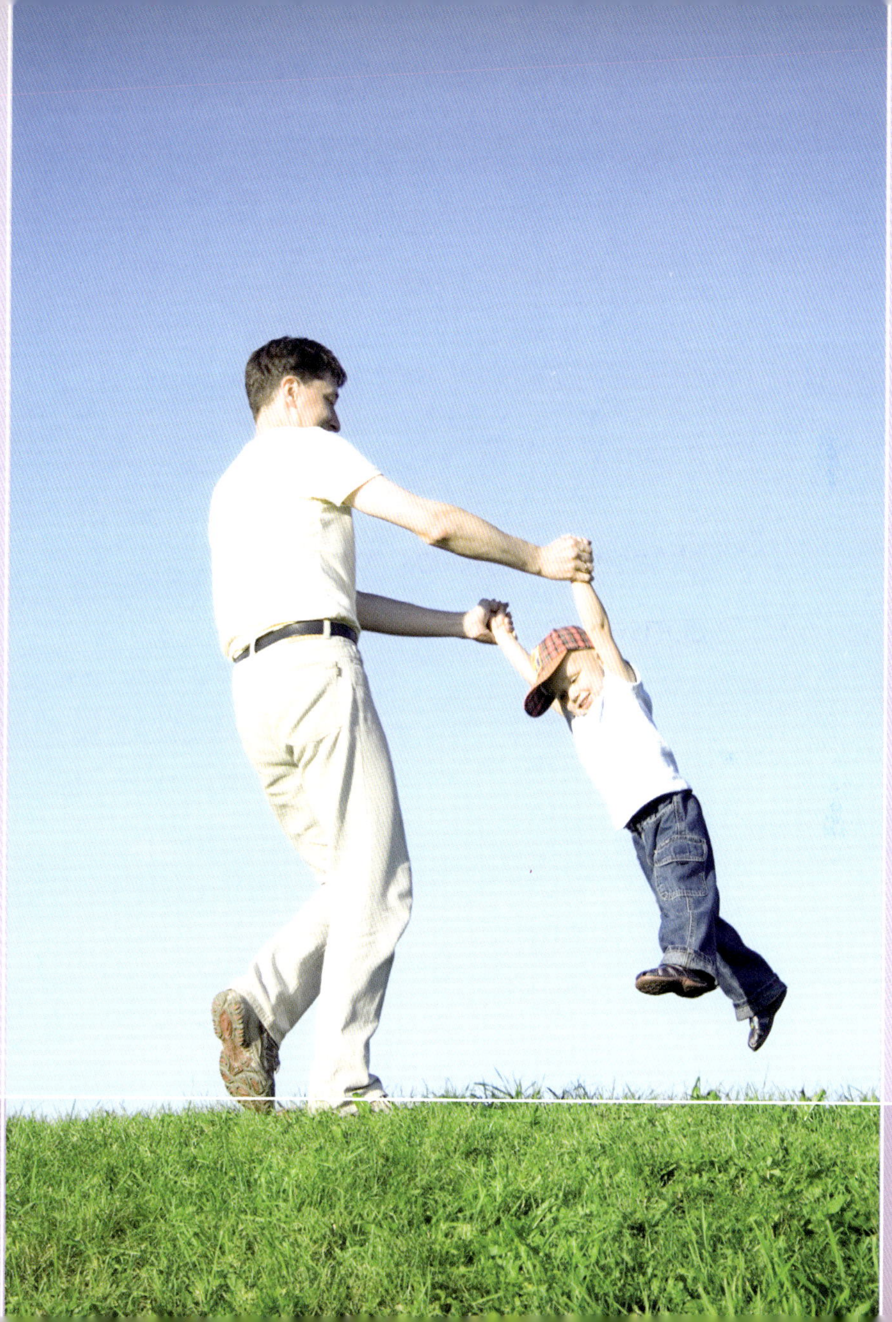

Te amo!

Conheça outros liv

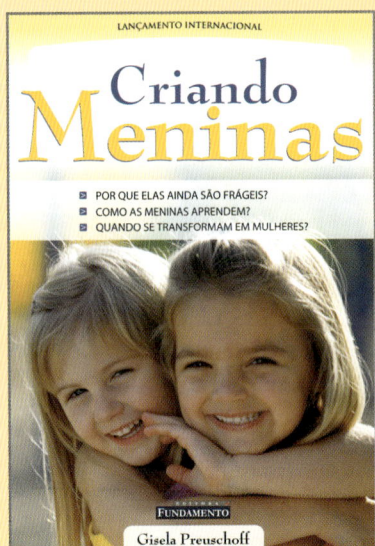

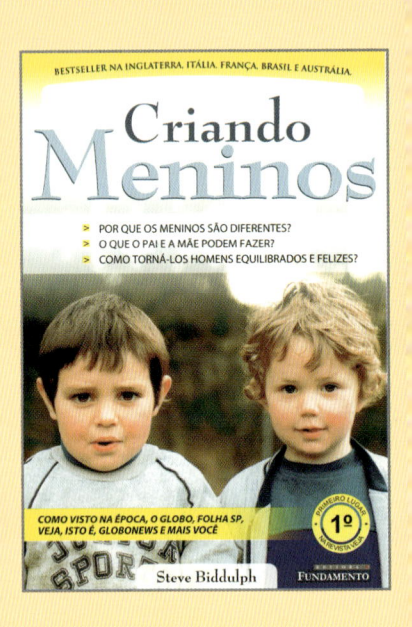

Editora FUNDAMENTO

ros da Fundamento

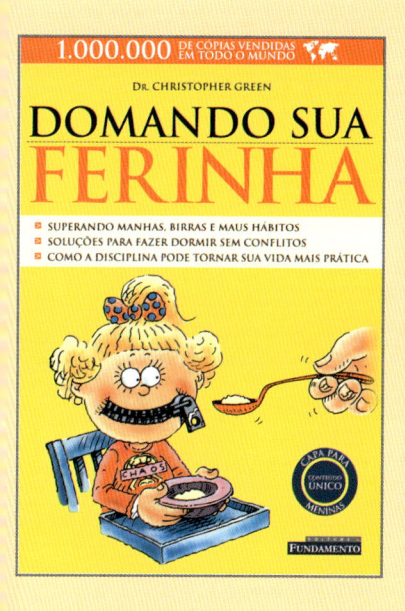

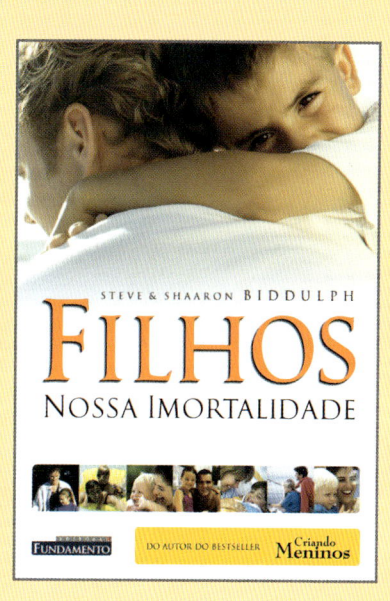

www.editorafundamento.com.br
Atendimento: (41) 3015 9700